El regreso de Teo

El regreso de Teo

David Vicente Cardós

Título: El regreso de Teo

1ª edición 2015

2ª edición 2020

© David Vicente Cardós, 2024

Diseño de portada: Manuel Vicente Quinto

Textos revisados y corregidos por el autor.

Exento de depósito legal Ley 30/2011 artículo 5 punto g), publicación bajo demanda.

Impresión y editorial: BoD – Books on Demand

info@bod.com.es - www.bod.com.es

Impreso en Alemania – Printed in Germany

ISBN: 9788411747837

Este libro se lo dedico a Miryam, por darme fuerzas para seguir escribiendo, a mis padres y a mi hermana, a mi sobrina Martina, a quien le leeré estas páginas para introducir sus sueños, a David M., por la gran amistad que nos une y por su apoyo en los buenos y malos momentos en la Protectora, a mi tío *Manolo*, por el diseño de la portada, a Ana Sánchez y a *Cartucho*, por constituir para mí un ejemplo inspirador de éxito y constancia, a todos los compañeros y compañeras de la Protectora de animales La Vall d'Albaida y otras muchas, con quienes compartí tantas experiencias, y a todas aquellas personas que han estado siempre apoyándonos por la causa. Y muy especialmente, a ellos, los perros, porque sin ellos este mundo no sería como es ni este libro existiría: gracias por todo lo que me han enseñado, a ellos les debo este libro.

Capítulo 1

Sonó como un coche que chocara contra otro, que ahogara mi último suspiro que traería tras de sí todo un torrente de emociones. Toda una miríada de sensaciones pasaron por mi cabeza en aquellos interminables y eternos segundos.

Pero curiosamente predominaba una frente a las demás, algo que desde lo más profundo de mí salía con toda su fuerza, con todo derecho, al mundo exterior. A la realidad. Porque es curioso que cuando algo temes de todo corazón, termina sucediendo.

Y allí estaba, tendido, yaciendo como si nunca hubiera visto la luz a través de sus llameantes ojos almendrados. Fue tan rápido que apenas tuve tiempo a llenarme de tristeza, tristeza que condensó en lágrimas como si quisieran borrar aquella fatídica estampa. Aquel Ford Orión de color gris no pudo hacer nada por evitar el accidente. Hank se escapó de mis manos, como tantas otras veces había ocurrido, y había ido directo hacia sus queridos y escurridizos enemigos, aquellos gatos omnipresentes que parecían aparecer y desaparecer como por arte de magia. Pero esta vez fue distinta; aquel vehículo vino a cruzarse con él justo cuando atravesaba la carretera, cual Cancerbero protegiendo el mundo de los muertos.

Una mezcla mortal de exceso de confianza, desobediencia, energía, fatalidad.

Quise pensar que aquello no era real, que, de nuevo, íbamos a plantearnos en serio la reeducación de nuestro perro Hank. Quise entender que aquello iba a ser un aviso más, como tantos otros, a los que ya nos habíamos peligrosamente acostumbrado desde hacía unos pocos meses, desde que Hank cumplió el primer año de vida.

Pero no se levantó nunca más. Yo tampoco. No recuerdo si pasaron segundos, minutos, horas o quizás días; o quizás si no pasó ya nada más. Todo se borró de mi mente excepto Hank y todos sus recuerdos, que acudían a mí como para darme la fuerza necesaria para seguir pensando en él.

Repentinamente tuve un invitado de honor, y aquel viento que azotaba los árboles de aquella transitada avenida vino a sucumbirme de nuevo a la realidad. Hank tendido, un señor conmocionado con las manos en la cabeza, Teo a mi lado, como siempre, aunque temblando, histérico, escondiéndose y encogiéndose del dolor.

Lo siguiente que recuerdo es a ese señor haciendo levitar con sus manos a Hank como si éste le hubiera dado su permiso, llevándolo dentro del maletero de su coche.

Pocos minutos más tarde estaban certificando la muerte de Hank en el centro veterinario.

—Tiene múltiples fracturas por todo el cuerpo, aunque la muerte ha sido provocada por el traumatismo craneoencefálico que ha sufrido. Ha llegado al centro ya muerto. Lo siento mucho —dijo el veterinario que nos atendió.

Tuve que abandonar la sala porque no lo soportaba más. Roberto, mi marido, al que había llamado de camino al centro, era más fuerte que yo. Él se encargó del resto.

Después pudimos regresar ya a casa con Teo.

—¡Fue un descuido, no sé qué me pasó! Lo tenía sujeto de la correa, y de repente… ¡Oh, no sé qué me ha podido pasar! —sollocé.

—Tranquila cariño, no ha sido culpa tuya, ha sido un tirón muy fuerte, tenía mucha fuerza —dijo Roberto.

—Pero es que…

—Tsst, vaaale, no le des más vueltas, ya no hay nada que hacer. Aprenderemos la lección —añadió él.

—Llevamos diciendo eso meses, y nunca hicimos nada.

Un prolongado silencio invadió desde ese momento el habitáculo del coche. Ahí estaba, nunca tomamos medidas. Ésta era la respuesta a la pregunta «qué tiene que pasar para que hagamos algo». Y lamentablemente ya había ocurrido. ¿Y ahora, qué? Con Teo no nos iba precisamente muy bien debido a su tendencia a marcharse de paseo repentinamente sin nuestro permiso.

No se volvió a murmurar palabra alguna durante el resto del camino de regreso a casa. Y es que, ¿cómo íbamos a decírselo a Pedro y Claudia? A sus 7 años ya iban a echar de menos a Hank.

Pedro y Claudia eran nuestros dos hijos mellizos, de cabellos rubios, ojos verdes y piel clara, regularmente invadida por pequeños lunares. Su relación con ambos perros era muy estrecha desde que entraron en casa, ambos adoptados de la protectora de Jaca. Desde que empezaron a acompañarme como voluntarios a cuidar y pasear perros de la protectora, se impregnaron del cariño de los perros necesitados de un hogar, y cada vez era más fuerte el deseo de tener uno en casa. Mis hijos tenían muy claro que querían ayudar a un perro necesitado de hogar, puesto que con las decenas y decenas de perros abandonados que había en el refugio, con los que además ellos podían relacionarse muy bien, era un sinsentido acudir a una tienda y escoger fríamente uno de la jaula de hierro, o, en el peor de los casos, de la urna de cristal, cual muñequito de trapo de la máquina de feria.

El primero en entrar en casa fue Teo. No buscábamos un perro precisamente de esas características, un Basset Hound de ocho meses de vida, ni de raza pura, acostumbrados como estábamos a los del refugio, pero es que los perros de raza también son abandonados, o robados para luego ser vendidos o utilizados en peleas de perros clandestinas. Digamos que la vida de Teo y las nuestras se cruzaron como estrella fugaz al momento de mirar al cielo.

Finalmente llegamos. Tan solo había pasado algo más de una hora desde el accidente. Los niños estaban a punto de regresar con Ruth, mi madre. Todos los días era ella quien los recogía del colegio, ahora de la escuela de verano, los traía a casa y, juntos, paseaban a Teo, ya que no tiraba de la correa como sí ocurría con Hank. Y esto lo ponía cada vez más nervioso; era obvio que no quería quedarse, a su año de edad, solo en casa mientras Teo se iba moviendo alegremente su cola. Hank me enseñó que no le gustaba nada la soledad.

Pero no había otro remedio, o no queríamos verlo de otra manera. Yo los sacaba a los dos juntos un poco antes de que eso ocurriera, pero aun así siempre pasaba lo mismo, cada santo día que ellos paseaban a Teo.

Ahora todo sería diferente. ¿Cómo íbamos a encajar lo sucedido?

—¿Cómo se lo vamos a decir a los niños? —le pregunté a Roberto.

—He estado pensándolo durante el regreso, y la verdad, creo que lo mejor es que les expliquemos la verdad, es una forma de que aprendan de nuestro error —respondió él.

—Pero van a notarlo todos los días a la hora del paseo, lo van a pasar mal —le dije esta vez, mientras los ojos volvían a hablar en su idioma más expresivo.

—Pues tendremos que sentarnos los cuatro, hablarlo tranquilamente, dejar que escuchen y que hablen cuando lo necesiten. La vida nos trae estas pruebas para que aprendamos de ellas y mejoremos como personas —acarició él.

Aunque no estaba muy convencida de aquella posibilidad, algo dentro de mí me decía que iba a ser lo mejor. Entonces, Roberto intervino de nuevo:

—Nadia, creo que lo mejor va a ser que lo expliquemos de la forma menos dolorosa que podamos, pero sin ocultar la verdad de lo que ha ocurrido. Esto les servirá como aprendizaje en la vida.

—Bien, me parece bien. Ahora ayúdame a guardar las cosas de Hank, no sé si voy a poder yo sola.

—Oh claro, por supuesto.

Guardamos todas sus cosas dentro de una bolsa y ésta en un viejo baúl en una habitación que usábamos como trastero. La vivienda no era excesivamente grande, pero nos permitía disponer de espacio para todo. Los juguetes que solía usar Hank los guardamos todos, al igual que sus mantas y su cesta de dormir. Me resultó muy duro tener que esconder cada objeto de él, en todos se había quedado un trozo de vida. Entonces, me entregué de nuevo a sus recuerdos.

Momentos más tarde llegaban los niños, y como Roberto ya había salido de regreso a su trabajo de nuevo, acordamos decirles que Hank estaba con él, pese a lo extraño de la situación. Las ganas de pasear a Teo les impediría preguntar nada.

Capítulo 2

Pude escuchar aquel sonido que siempre acompañaba a la Mamá Mayor que me paseaba solo con mis Hermanos. Pero mi Mejor Amigo no estaba conmigo, no estaba cerca de mí como siempre. En su lugar notaba tristeza, y aquel olor a sangre y a animal de dos patas de color blanco. ¡Cuánto detestaba ese olor!

Un rato después llegó la calma poco a poco, mientras seguían intercambiando esos sonidos tan suyos, y que nunca entiendo.

Y al fin, ese tiempo transcurrido dio paso a mi paseo. Bueno, cuando regresara ya volvería a ver como siempre a mi Mejor Amigo, que acostumbraban a llamar con un sonido parecido a *Ank*. El mío era otro, era *Eo*.

Decidí sentarme como de costumbre antes de que me pusieran eso que me ponían todos los días por mi cabeza antes de salir de casa.

Otra vez el olor a sangre y a animal blanco. ¿Dónde estaban todo el tiempo?, parecían perseguirme.

Ya donde pasan todas aquellas bestias que hacen mucho ruido y olor desagradable, dejé de sentir que me perseguían.

Ya en ese lugar volví a entrar en mi mundo de olores y colores. Y mis Hermanos volvían a pronunciar *Eo*, y yo los perseguía con mucho cuidado porque me gustaba olerlos, tocarlos.

Entonces volví a ver a un No Amigo; siempre me insultaba, me miraba muy mal, me gritaba, y aunque yo le decía que quería ser amigo suyo, él no lo entendía. O no quería. La Mamá Mayor que venía siempre con nosotros me tranquilizaba, y a mí eso me gustaba.

Estuvimos jugando donde siempre, y ya de regreso vimos la bestia de Papá y otra vez sentí ese olor a sangre y a animal blanco. Subimos como de costumbre a nuestro territorio, y mi Mejor Amigo seguía sin estar. Por más que olí no lo encontré, ni lo escuché, ni lo vi. Rastreé por todos los sitios, pero nada, no lo encontré.

De nuevo tristeza. Y mi comida. Pero la de mi amigo no la podía oler. Nada de él podía oler, pero no me importaba, porque regresaría, siempre lo hacía. Y yo esperaría a que él volviera conmigo, ¡lo quería tanto!

Capítulo 3

Y ya por la noche, justo antes de la cena aprovechamos para contar lo sucedido a Pedro y Claudia. Tenía la esperanza de que lo entendieran y aceptaran bien.

Fue Roberto quien dirigió la conversación, empleando todo su talento y templanza. Empezó hablándoles de Hank, de su temperamento, de la manera en que tiraba de la correa, reflexionando con ellos del por qué ellos no podían pasearlo. Continuó hablándoles de la fuerza que tenía para jugar, y de las veces que los tiraba al suelo, sin querer, fruto de la emoción. Les hizo recordar cuando, al salir a la calle, se ponía más nervioso y tiraba más de la correa porque quería correr. Los niños asentían con la cabeza, mostrando su semblante más serio y perspicaz. Ellos conocían muy bien la fuerza de Hank y siempre preferían llevar de la correa a Teo, mucho más tranquilo y obediente…, cuando él quería.

Entonces empezaron a ponerse serios, como si hubieran relacionado a la perfección el hecho de hablar de los tirones de Hank con el hecho de que no estuviera en casa, y estoy segura de que ésa era la intención de Roberto. Entonces Claudia preguntó si regresaría Hank, como queriendo saltarse la parte más dura, la de explicar lo que ya era evidente: que no estaba. Relatar que "se cayó" y que tuvo que ir al hospital para perros me hizo recordar la terrorífica escena, y tenía miedo de que les afectara mucho. Roberto les contó que en ese hospital estaría muy bien cuidado, a pesar de que estaba muy malito y que no sabían si podría volver a casa.

Una vez llegado a este punto, les hizo reflexionar sobre la repercusión de haberlo llevado bien atado pero también muy bien educado, y que era un ejemplo de lo importante que es caminar con cuidado por la calle, ser obediente a mamá y papá, y llevar extremo cuidado al cruzar la calle. Tanto Claudia como Pedro se quedaron mudos, serios, como en una mezcla entre tristeza y sentimiento de culpabilidad. Volvieron a preguntar si íbamos a volver a ver a Hank, y fue entonces cuando tuve que hacer el mayor de mis esfuerzos para no desmoronarme ante ellos, puesto que rompería toda la naturalidad que había solidificado en el ambiente Roberto. Decidí que lo mejor sería empezar a preparar la cena y así poder aliviar toda la tensión acumulada y disimulada ante Pedro y Claudia, mientras seguían hablando ellos tres.

La cena transcurrió en bastante silencio, roto repetidamente por Roberto principalmente, en un intento de querer normalizar la situación.

Al día siguiente tuve que volver a creerme lo sucedido, como si mi mente lo hubiera querido olvidarlo todo por la noche. Cada olor, cada momento era un recuerdo martilleante de él. Las cosas más simples y cotidianas adquirían otra dimensión.

Por fin decidimos ponernos en marcha, así que fui a hablar con el veterinario para que nos diera alguna dirección donde acudir para poder empezar a educar a nuestro querido Teo, ya que, aunque su comportamiento era más tranquilo que el de Hank, en ocasiones no conseguíamos que nos hiciera caso cuando lo dejábamos suelto por el parque, siguiendo cualquier rastro que lo sumía en su más absoluta evasión.

Y de nuevo, una vez ya en la clínica, pude ver todos los recuerdos del accidente como amontonados, como esperándome. Me pregunto si ellos, los perros, también pueden identificar de esa manera los recuerdos y el pasado.

—Buenos días, Fermín —saludé a nuestro veterinario de confianza, de tez morena, pelo oscuro y unos expresivos ojos de color azul claro. Siempre me pareció atractivo, tanto por su físico como por su actitud, tan empática con sus clientes.

—Buenos días, Nadia —me devolvió generosamente él—. ¿Cómo te encuentras?

—Pues aún tengo mis altibajos emocionales; supongo que tendré que darme más tiempo para poder llevarlo mejor —aquí tuve que hacer un esfuerzo para no venirme abajo.

—Es normal, estás muy unida a tus perros y ha sido todo muy traumático. Pero dime, ¿en qué te puedo ayudar?

—Pues creo que ha llegado la hora de poner un poco de orden y control a nuestra vida con nuestros perros… —las frases de costumbre se resistían a abandonarme, así que de nuevo los sentimientos me obligaron a interrumpirme—, perdón, quise decir con nuestro perro.

—… Y supongo que querrás una dirección donde pedir auxilio, ¿verdad? —me interrumpió a tiempo—. Bien, co-nozco un chico que vive no muy lejos de aquí que ha trata-do a algunos perros que le hemos llevado, y la verdad es que estamos muy contentos con él. Sí, pienso que él sería la salida a vuestros problemas de escapismo con Teo —tras esto, garabateó en una hoja en blanco el nombre del educador canino, Alejandro, y su número de teléfono móvil. Tras algunas breves pero sabias explicaciones acerca del comportamiento de los perros, me despedí de él muy complacida.

Minutos más tarde llamé a Alejandro, pero comunicaba. Volvería a intentarlo más tarde, puesto que debía ir a recoger yo a la escuela de verano a los peques, puesto que hoy mi madre tenía visita en el médico con Smith, mi padre.

Decidí pasar por casa primero y recoger a Teo antes de ir a por Claudia y Pedro. Aunque llegué a tiempo a la escuela, salieron unos minutos tarde, pero con ganas de pasar un rato en el parque con él. Iba a ser un día diferente, al no estar los abuelos.

A los niños les encantaba jugar con Teo, y eso reforzaba su relación con ellos y de paso les ayudaba a no estar todo el día pensando en Hank.

Como los problemas con Teo giraban en torno a su afición a prolongar los paseos por libre, es decir, a escaparse, me propuse estar más atenta a él mientras estuviera por el parque, ya que éste era el sitio en el que más fácilmente quería marcharse. Y es que cuando tomaba esa decisión, ya no había manera de hacer que nos escuchara. Es como si entrara en un mundo diferente al nuestro. Por lo demás era un perro tranquilo, muy afable, silencioso y obediente.

Entonces decidí que mientras Pedro y Claudia jugaban con Teo, yo podía volver a intentar hablar con el educador canino. Siempre había sentido curiosidad por saber por qué las personas que tienen tanto contacto con perros consiguen relacionarse y entenderlos tan fácilmente y de una manera tan natural.

Busqué el número, marqué, y esperé mientras daba tono. Pasados unos instantes, me percaté de que Teo no se encontraba a la vista. Seguí guiando mis ojos por todo el parque, pero no vi ni a los niños ni al perro. Corté la llamada. Rápidamente me puse a caminar, llamándolos. Otro pequeño despiste, otro susto. Otro más…

Grité, grité y grité. Pasados unos eternos segundos, que más bien me parecieron horas, conseguí ver a Pedro y a Claudia, pero no a Teo. Una sensación de desánimo invadió mi cuerpo, e intentó apoderarse de él.

Corrí más y más hacia donde ellos estaban, a unos escasos metros, y pude comprobar que desde aquel ángulo tampoco podía divisar a Teo.

—¡Pedro, Claudia! ¿Dónde está Teo? ¿Cómo es que no está con vosotros? ¡No me digáis que se ha vuelto a escapar!

—Se ha ido detrás de un perrito que ha pasado por aquí delante —me respondió Claudia.

—Sí mamá, se ha ido por allá —dijo Pedro señalando hacia unas viejas casas.

—¡Vamos, tenemos que encontrarle! —añadí mientras los cogía de la mano y tiraba de ellos.

—A lo mejor se han ido a buscar a Hank mamá —dijo Pedro.

—¡Que no tonto! Que Hank está malito y Teo no sabe dónde está, nos lo hubiera dicho —replicó Claudia, siempre más perspicaz que su hermano.

—¡Vale ya! ¡Seguidme! ¡Vamos!

Corrimos como pudimos mientras dejábamos atrás el concurrido parque, repleto de césped, adelfas y jacarandas. En breve llegamos al camino que bordeaba a la carretera. Empezamos a llamarlo, pero sabía que sería inútil, puesto que no apareció. No obtuvimos respuesta alguna como otras tantas veces. Nos tiramos más de media hora buscando bajo un sol de justicia a principios del mes de agosto.

Entonces se me ocurrió llamar a Roberto para que se fijara si lo veía al regresar del trabajo por esa misma carretera a mediodía.

Mientras tanto, me disparé hacia casa para poder imprimir unos carteles y repartirlos por la zona. La clínica veterinaria y la protectora de animales serían los primeros sitios a los que acudiría.

En una de las ocasiones en que se fugó Teo tardó más de dos días en aparecer. Es algo común a estas razas, con un olfato tan fino y una tendencia tan grande a perseguir cualquier rastro que únicamente ellos son capaces de percibir. En sus orígenes se crió para la caza especializada de pequeños animales, y su alargado cuerpo les ha permitido siempre introducirse casi en cualquier madriguera. Nuestro Basset Hound, de color marrón con manchas blancas, no era ninguna excepción. Con esa mirada tan suya era capaz de arrancarte una sonrisa y una caricia.

Llegando ya a casa me interrumpió una llamada telefónica. Era mi madre, que finalmente comerían con nosotros. Le conté que las cosas se habían vuelto a marear un poquito.

—Sí, mamá, ha vuelto a ocurrir. Ha sido un momento en que me he despistado llamando por teléfono, y los niños también han estado distraídos.

—Pues a mí nunca se me escapa, Nadia. Solo hay que estar un poquito encima de él, olvidarse de todo lo demás, sobre todo del teléfono. ¿Cómo esperas solucionarlo si no es de esa manera? —me replicó ella.

—Tienes toda la razón. Supongo que eso será lo primero que nos dirá el educador con el que hablemos, que me ha recomendado uno Fermín, el veterinario. Ahora iba a hacer carteles para colocar por la zona. Si no tardáis podréis ayudarme tú y Smith si os quedáis con los niños. La comida ya está hecha.

—Bien, danos 15 minutos, estamos de camino.

—Justo el tiempo que necesito —añadí.

Mientras yo me dedicaba a teclear en el ordenador, Pedro y Claudia no dejaban de preguntarme sobre dónde estaría Teo, si habría ido a ver a Hank, y toda esa clase de preguntas que más de una vez sabían formular. Fue antes de tiempo cuando sonó el timbre de abajo. Abrió como siempre Pedro, tratando de anticiparse en todo a su hermana. No me entretuve en contar mayores detalles a mis padres; en cualquier caso de eso ya se encargarían mis hijos.

En menos de una hora tuve todos los carteles puestos por las inmediaciones del parque y de nuestra casa. A las compañeras de la protectora también les di el aviso, aunque no tuve tiempo de acercarme. El mayor problema es que no tenía microchip, a pesar de que sabíamos que era obligatorio ponerlo, por lo que esto dificultaría la labor de encontrarlo. Aunque sabíamos de casos de robo de perros en que los microchips eran extraídos quirúrjicamente para que no se pudiera identificar al verdadero propietario, siempre habíamos sido conscientes de que era algo muy útil de cara a recuperar un perro perdido, además de que era obligatorio por ley.

Finalmente me llamó Roberto, con la desastrosa noticia de que no había visto a Teo por la carretera ni por ninguno de los caminos secundarios. Esto hizo que empezara a crecer en mí un mal presentimiento. Nunca me había considerado supersticiosa, aunque sí me gustaba hacer caso a mi intuición, esa vocecita que te recuerda tantas veces lo que en el fondo conoces o crees que va a pasar…, y que en ocasiones ignoramos.

Quedé con él en la Avenida de Oroel, junto al Loire Jaca. Decidí llamar a mi madre y decirle que fueran comiendo ellos cuatro, ya que nos íbamos a retrasar un rato más.

Nos acercamos con el coche a la Ciudadela, recorrimos sus calles, pero los minutos pasaban como si tuvieran la obligación de hacerlo. Y yo ya empezaba a perder la tranquilidad que de momento había estado manteniendo. Mi cabeza elaboraba mil distintas posibilidades de lo que podría ocurrir en las próximas horas. Me negaba a creer que pudieran ser días.

¿Y si hubiera sido un robo? Se me pasó por la cabeza en varias ocasiones, pero la tendencia a esquivar la idea la hacía evaporarse como vapor de agua hirviendo. Eso sería terrible. En muchas ocasiones, los perros robados son utilizados como presa en peleas de perros, algo prohibido pero que se sigue realizando de manera clandestina.

Así, decidí que iba a dedicar todos los minutos que pudiera a buscarle siguiendo todas las pistas que encontrara, preguntando a todo el mundo, poniendo más carteles cada vez más lejos. Si tan lejos había podido ir, o se lo podían haber llevado, esos carteles podrían ser de una gran ayuda.

Con el ajetreo y el nerviosismo no comí. Entonces hice algo en principio fuera de lugar en esta situación, pero que, pensé, podría ayudarme. Llamé a Alejandro. Y por fin pude hablar con él. Le conté todo lo sucedido, y que nuestra intención era reeducarle.

La conversación confirmó aún más si cabe mi sensación en relación a las personas que conocen bien a los perros, y sentí en su voz tranquilidad, confianza y mucha seguridad. Me contó que se dan casos de perros que han escapado o han desaparecido por cualquier motivo, y que han regresado al cabo de días o semanas, a veces incluso más. Por supuesto, hizo hincapié en que había que trabajar en el origen del problema, la desobediencia, y que eso empezaba ya en el mismo hogar, donde el perro está más receptivo y menos distraído. Tratar de corregir este comportamiento en el mismo en el que se manifestaba, es decir, en la calle, en plena inmersión olfativa, era sencillamente inútil, y solo conseguiríamos frustrarnos más.

Seguidamente me preguntó cuáles eran las rutas que solíamos seguir con él de paseo, y dónde lo habíamos visto las otras veces que había desaparecido, para poder acotar mejor la búsqueda. Por supuesto la idea de repartir carteles era esencial, y que además debía denunciar su pérdida a la policía.

Tras hablar con él decidí que por el momento me centraría em seguir colocando más carteles, así que me acerqué a los pueblos más cercanos, preguntando a las personas del lugar. Aprovechando el paso del Camino de Santiago Aragonés, que atraviesa Jaca, puse carteles en todos los lugares estratégicos en que podrían ser más vistos por los peregrinos. Aunque éste es un Camino menos transitado que su versión Francesa, pude hablar con cuatro ciclistas que habían partido de Somport ese mismo día. Uno de ellos se atrevió a decirme que leyó en un periódico de la zona que había una oleada de robos de perros por las poblaciones cercanas a Jaca. No se acordaban de todas las poblaciones afectadas, pero tuve una aproximación para centrar mi búsqueda, al tiempo que una gran angustia que se centró en el centro de mi pecho, haciéndolo mil veces más pesado.

Ya al anochecer, muy agotada, pude hacer otra ronda de búsqueda por las inmediaciones de nuestra vivienda, sin resultados otra vez. Entonces pude hablar con Roberto:

—No he dado con él —le dije.

—Lo mismo puede haber caminado mucho como haber entrado en alguna de las casas más cercanas, y nosotros no haberlo visto —respondió.

—Hoy he estado en varios de los pueblos de alrededor, pero nada. Incluso he hablado con cuatro ciclistas que estaban recorriendo el Camino de Santiago, pero lo más que han acertado a decirme es que han leído en un titular que hay una oleada de robos de perros por esta zona. ¿Para qué los querrán? Bueno, lo sé, mejor no me contestes —añadí como corrigiéndome a mí misma.

—Él suele ir muy escondido siguiendo sus rastros, no temo que lo hayan robado, ¿tú sí? —terció él.

—Pues no se me va de la cabeza. Si ocurre es porque pasa, ¿no? Por cierto, ahora al regresar, cuando estaba anocheciendo he visto a un hombre muy extraño, vestido de oscuro, apoyado en una pared con una mirada como si estuviera tratando de decirme algo con la mirada, muy pálido, cubierto con una capucha. Lo más extraño era que no me transmitía peligro pese a encontrarme sola por esas calles. Así y todo no me he atrevido a preguntarle.

—No me gusta que merodees por lugares recónditos, y menos a solas —me increpó él.

—Sea como sea creo que voy a aumentar mi radio de búsqueda, quizá me acerque hasta Sabiñánigo.

—No quiero que te obsesiones. No tiene por qué haber ido tan lejos. Hemos alertado a todo el mundo. Si está escondido no lo vas a ver, Nadia. Y las montañas son muy extensas. Por cierto, tendremos que poner la denuncia a la policía.

En cualquier caso, tenía previsto no detenerme hasta saber algo de su paradero, pero por hoy ya tenía bastante y debía regresar a casa. Mi familia me esperaba ya.

Capítulo 4

El olor que percibí era encantador. Tuve que seguirlo para ver a dónde me llevaba.

Mis Hermanitos podían esperar, no había problema. Y Mamá me dejaba ir, porque yo lo hacía y no me decía nada. Mi Mamá Mayor hablaba más conmigo, pero con Mamá podía marcharme, lo sabía.

Cuanto más se acercaba a mi nariz el suelo, mejor podía seguir el rastro: era una hembra que había pasado por aquí hacía muy poquito. ¡Y yo quería conocerla! ¡Sería encantador! Seguí y seguí caminando, cuando, al llegar al final del sitio con flores para jugar, algo a lo que mis Hermanitos y Mamá decían *pa-ke*, noté cómo el suelo se apartaba muy rápidamente de mí. ¡Estaba muy alto! ¡Pero yo no quería! ¡Y no era ni Mamá ni Papá! Quería que me dejaran seguir mi rastro, luego ya volvería a casa; pero aquél no era su olor. ¡Tuve miedo!

Enseguida estuve dentro de una bestia como la de Papá que hacía ruido y echaba humo. Pero ésta me golpeaba más a todos los lados. No me gustaba. Y estaba muy oscuro todo. Solo olía a agrio. También a sangre, como cuando mi Mejor Amigo gritó y no volvió a hacerlo nunca más.

Después de mucho ruido y golpes, por fin se detuvo aquella bestia humeante. Y lo hizo bruscamente, no como Papá. En seguida volvió a entrar la luz a mis ojos. Volví a oler el aire. Volví a oír el mundo. Unos ojos me miraban directamente a los míos, y eso no me gusta, me hace sentir incómodo y amenazado cuando se trata de un desconocido. Yo aparté la mía para que me dejaran tranquilo, pero inmediatamente ya estaba de nuevo volando, y me hacían daño.

Pero entonces escuché a otros amigos muy nerviosos, gritando y pidiendo que los sacaran de donde estaban. Y cada vez los percibía más cerca: me llevaban con ellos.

El olor era muy fuerte, pero no estaba la hembra que conocí antes en el sitio de olor a niños y a flores. ¿Dónde habría ido mi nueva amiga y futura compañera de juegos y lametones? A los perros nos encanta seguir el rastro de una perrita porque para nosotros despiden dulzura y ternura. Y yo perdí al que podría ser mi nuevo amor. Me habían apartado de su pista, aunque más tarde seguro que podría reencontrarme con ella.

De repente estuve dentro de una *cueva* apestosa, junto con otro amigo muy grande. Éste estaba apartado de mí, en un rincón, temblando de miedo y muy nervioso. Me lo decían sus ojos y cómo reaccionó al verme. Yo no lo miraba a los ojos para no molestarlo; me quedé quieto en otro rincón de aquella *cueva*.

La puerta se cerró de golpe con un fuerte ruido. Más tarde, solo el silencio reinó salvo algún grito ahogado, nervioso, casi histérico.

No entendía nada. Estaba desorientado y perdido. ¿Dónde estaría Mamá? La necesitaba para volver. Finalmente, la oscuridad vino a refrescarnos y a aportarnos mayor seguridad. Ahora todo estaba en silencio, a pesar de que yo estaba hambriento.

No me gustaba ese sitio. Entonces vi que mi amigo de la *cueva* me miraba sin pestañear. Le miré y se puso contento, moviendo su colita tímidamente. Yo le dije que quería ser su amigo. Me gustaba su mirada, era tranquila pero al mismo tiempo nerviosa. Le habían hecho daño. En ese lugar olía a orín, a excrementos, a miedo y a dolor.

Me levanté y bebí algo de agua. Y me acerqué a mi amigo de la *cueva* muy despacito, y a él le gustó. Me dijo que tenía mucho miedo y que estaba perdido. Yo entonces me asusté mucho. Me asusté de no tener a Mamá, a Papá y a mis Hermanitos. Y a mi Mejor Amigo. Olí todo lo que pude hacia arriba y por el suelo, pero no lo pude identificar.

Y así pasaron las horas, en silencio y con mucha tristeza. El rastro de olor que seguía hacía unas horas lo perdí para siempre. Mi amada y dulce princesa…

Y de esa manera pasó el tiempo. Finalmente todo se iluminó como por arte de magia desde el cielo, desde el horizonte. Fue una luz plateada como la que entraba donde siempre vivía y jugaba con mi Mejor Amigo. Pero en cambio no vino nadie de mi familia. Mi familia no estaba conmigo ahora.

Volví a beber agua, e intenté localizar a mi familia. Decidí llamarles aullando, y mi nuevo amigo de la *cueva* se levantó nervioso y se acercó a mí en un intento de ver cómo me sentía de la forma en que lo hacemos nosotros, oliendo, con movimientos muy pausados y medidos, sin llegar a aguantar la mirada directamente a los ojos. Acto seguido un coro de voces y gritos se levantó hacia el cielo.

Más ruido y gritos trajeron una nueva presencia. Y de nuevo olor a sangre. De nuevo aquellos animales altos y bruscos estuvieron allí. La bestia humeante abrió su boca y de dentro sacaron a otro amigo nuestro que no se movía.

Todos nos pusimos muy nerviosos. Los animales altos se dirigieron hacia mí rápidamente y abrieron la puerta de nuestra *cueva*. Mi nuevo amigo se asustó muchísimo y se apartaba de ellos; yo también lo hice porque no los conocía y no eran animales tranquilos y cariñosos.

Me fui a un rincón al tiempo que mi nuevo amigo salía disparado hacia el otro lado de la *cueva*; los animales altos iban a por él, y uno de ellos tenía algo largo en sus patas, algo con lo que enganchó a mi nuevo amigo y lo arrastró hacia afuera. La puerta volvió a cerrarse de golpe con un fuerte ruido.

Mi nuevo amigo gritó y gritó, soltó excrementos de puro miedo, tiró con todas sus fuerzas hasta que con la ayuda de otro animal alto consiguieron llevarlo cerca de la bestia humeante. Y lo que ocurrió en seguida me causó un dolor y un terror que nunca antes había sentido. Uno de los animales altos se fue a otra *cueva* y abrió la puerta, y de dentro salió un *monstruo* enorme de color claro, manchado de sangre, que corrió con los dientes desencajados de su boca, ésta llena de babas y cólera.

Entonces soltaron a mi nuevo amigo, justo cuando el monstruo blanco le embistió y lo cogió con la boca del cuello. Rápidamente quedó todo envuelto en un polvo amarillento que no conseguía protegerme de los ruidos y gritos de dolor de mi nuevo amigo, que en todo momento permanecía debajo del monstruo impotente.

Todo terminó en unos instantes. Mi amigo no se movía, estaba tumbado en el suelo, y su color cambió del claro al oscuro, en medio de un gran charco de sangre mezclado con el olor a polvo removido y suciedad. Había pedazos de su piel y carne esparcidos por el suelo, sumergidos en aquel charco de violencia y muerte. La inmundicia y el terror destilaron en sangre.

Estaba aterrado de miedo, y no me atrevía a aullar otra vez. Me escondí de nuevo en el rincón de mi *cueva*, ya totalmente iluminada por el sol. Los animales altos tiraron hacia atrás del monstruo blanco y lo llevaron otra vez a su *cueva*, entre ladridos y sonidos coléricos.

Preferí quedarme muy quietecito en mi rincón, aunque seguía escuchando todos aquellos sonidos de los animales de dos patas, y de fondo los de mis compañeros desde sus rincones. Finalmente, todo desapareció, los estruendos, el polvo, las bestias. Necesitaba mis bolitas de olor carnoso, que seguro pronto vendrían Mamá o Papá y me traerían, como siempre. Pero no venía nadie, y todo lo que sentía era tristeza, miedo, pena, dolor. No me encontraba bien allí, no me gustaba nada aquel lugar.

Ya no escuchaba a mis compañeros de aquel tenebroso lugar. Tras un pequeño chaparrón que ayudó a cubrir de mayor tristeza si cabía el lugar, me llegué a dormir, hasta que de repente unos nuevos monstruos metálicos me despertaron. Estos monstruos eran de otros colores, y algo se movía encima de su espalda: eran luces de colores. Los sonidos también eran distintos. Aparecieron más, todos iguales y con las mismas luces. Entonces parece que la disputa se trasladó a ellos, a los animales de dos patas y altos. Pero esta vez no hubo sangre, solo movimientos, gritos y golpes. Tras un buen rato gritando y forcejeando, las nuevas bestias se tragaron a todos los animales de dos patas, y se fueron. Pero hubo dos animales de dos patas nuevos que vinieron hacia mí, y abrieron la puerta de mi *cueva* apestosa. ¡Por fin pude salir! Éstos eran buenos, porque no me gritaban, sino que me hablaban con mucha tranquilidad, y debieron de entenderme porque siguieron así un ratito más. También abrieron otra *cueva*, y poco después aparecieron dos nuevos monstruos acorazados aún más grandes que los otros, y comenzaron a sacar de las *cuevas* a los demás compañeros peludos de cuatro patas.

Todos, sin excepción, entramos en estos nuevos monstruos de metal, pero sin embargo no olía a sangre ni a orín. Eran olores que nunca antes había percibido, pero estaba claro que habían entrado allí muchos animales más en otras ocasiones.

El monstruo acorazado se puso en marcha. Un rato despues aparecimos en otro lugar con más amigos, cada uno en su *sitio para dormir*. Poco a poco nos fueron bajando y estuvimos otra vez respirando aire puro, pero impregnado de los olores de todos los inquilinos de aquel nuevo y misterioso lugar.

Y entre todos los olores que escuché, uno destacó sobre todos los demás: el de la hembra que seguía antes de volar hasta las *cuevas de los horrores*. Y nuevamente, mi nariz y el suelo quedaron unidos. Mientras me iba fusionando con aquellas nuevas sensaciones, los sonidos de los animales de dos patas y de los demás amigos que querían salir de sus *cuevas* se iban quedando más atrás. Hasta que finalmente desaparecieron en la lejanía.

Les debió de parecer bien que me marchara a buscar a mi nueva amiga, porque no me dijeron nada, como mi Mamá Mayor.

Olores a amapolas, margaritas, hierba e insectos fue lo único que trató de desviarme de encontrarla. Estuve así caminando un buen rato sin descanso, a pesar de que estaba hambriento.

Entonces, de repente, empecé a oír nuevos sonidos, sonidos que me recordaban al que producen los monstruos acorazados cuando corren muy deprisa. Pero yo seguía tras mi nueva amiga, enlazado a su propio aroma, que seguro había dejado para mí. Era una fragancia dulce como el sol, fresca como el aire. Pero entonces, de repente, algo me golpeó y empujó con mucha fuerza. Fue un golpe seco que nunca antes había experimentado, seguido por un intenso dolor. Aquel sonido me hizo recordar al sonido que dejó sin aliento a mi Mejor Amigo. ¡Fue el mordisco de una bestia acorazada!

Aquel atropello me lanzó con fuerza contra una especie de plantas metálicas muy duras, que me partieron algunos huesos de mi castigado y desgarrado cuerpecito. Si almenos pudiera estar conmigo en estos angustiosos momentos mi amada perrita, a la que seguía tan felizmente su rastro hacía solo unos pocos instantes…

Después, todo se desvaneció, todo desapareció de mi alrededor, salvo mi propio dolor, mi propia voz y rota respiración. Todo se interrumpió… Toneladas de sensaciones como millones de agujas penetrando en mí me obligaron a llorar y a susurrar que me dejaran tranquilo, ya que mi nueva amiga me esperaba en algún rinconcito para los dos.

Pero nada de eso sucedió. Lo que parecía un mar de sangre se derramó bajo mi maltrecho cuerpo. Y el dolor parecía acudir a mí conforme la sangre me abandonaba como para ocupar su sitio.

Y los monstruos seguían rugiendo a mis espaldas sin siquiera venir a ayudarme. Quise salir de allí, pero el pánico y el dolor me lo impedían. Las patas traseras me azotaban cada vez que intentaba moverlas. Asimismo, el dolor se contagiaba a todo el resto de mi cuerpo, ya frío por el trauma.

De nuevo, otro monstruo pasando por mi lado sin parar.

En esos momentos empezó a caer agua del cielo como si fuera el último día que podía hacerlo. Mi cuerpo tenía cada vez menos sangre en su interior, y con suerte el dolor iba remitiendo, me abandonaba, al igual que mis fuerzas. Por una vez en mi vida, pude sentir lo que es quedarse solo de verdad, sin mi familia, sin mi nueva amiga, y sin mi Mejor Amigo. A él también le mordió un monstruo acorazado, y no volví a verlo nunca más. ¿Se sentiría tan solo como yo ahora? Pude notar en ese momento cómo me invadió la pena y la tristeza por su pérdida.

Otro monstruo acorazado que no para, y otro más. Y con cada uno de ellos pasando a mi lado, yo me sentía más triste e impotente. El dolor ya me abandonaba casi por completo, cuando pude escuchar a lo lejos un sonido de voces que se acercaban a mí. Sonaban como animales de dos patas que respiraban y caminaban deprisa. Pero yo sin embargo quería estar tranquilo; si tenía que dejar de respirar quería hacerlo en paz y solo. Ya no quería seguir buscando a mi nueva amiga, perdí su rastro completamente conforme iba perdiendo yo mi vida.

Eran dos animales bípedos que parecían tan atentos como serenos. Uno se alejó, mientras el otro se quedó a mi lado susurrándome cosas que no entendía pero que me relajaban y gustaban. Rápidamente, apareció su compañero con algo parecido a lo que tengo en mi *cueva* para dormir, y me cubrió. Me dio calor y empecé a sentirme reconfortado.

Una nueva punzada de dolor y pronto estuve calentito dentro de otro monstruo acorazado, que me llevó a algún lugar que no reconocí. En ese momento todo era movimiento hacia todos los lados, mezclada con fragancias a hierbas aromáticas y dulces frutas, que predominaban sobre otros olores que no reconocía.

Después todo se volvió oscuro y silencioso.

Capítulo 5

—Nadia, deberías tener un poco de paciencia, hace solo algo más de un día que Teo desapareció, y no es extraño que acabe regresando por sí mismo o que lo terminen encontrando y nos avisen. Y tu idea de irte a las montañas a buscarlo no la apruebo, puede ser muy peligroso, ya te lo he dicho —dijo Roberto.

—Bien, pero es que no pienso rendirme hasta encontrarlo, vivo o muerto —añadí—. Me siento culpable de todo.

—Sea como sea manténme informado de cualquier movimiento que hagas, sabes que no quiero que vayas sola por sitios apartados —me indicó él.

Entonces entraron por la puerta mis padres, que venían a por Claudia y Pedro para llevarlos a la escuela de verano. Hoy se quedarían a comer, así que aprovecharía para que estuvieran con ellos toda la tarde, mientras yo iría a cubrir otra área para repartir información del perro y de paso ver si encontraba algún rastro suyo. Esta mañana me acercaría a Sabiñánigo y alrededores.

La mañana transcurrió sin novedades. Aproveché para acercarme a la protectora y hablar con mis compañeras, lo que me recordó que todavía no había puesto la denuncia por la desaparición de Teo.

Después de comer, repartí un beso a mis hijos, que se quedaron otra vez con mis padre, y salí a efectuar mi búsqueda. Tras volver a imprimir nuevos carteles, decidí acercarme a la zona montañosa de Aísa. Llevaba suficientes carteles para quedarme toda la tarde colgándolos por lugares públicos y establecimientos, y tratando de preguntar a las gentes del lugar por si lo habían visto.

Unos 30 kilómetros me separaban de Aísa en coche. Una vez lo tuve todo listo partí a buen ritmo hacia allí. El tráfico por la carretera secundaria que se bifurcaba de la principal, la nacional 330, era escaso; de hecho, solo me crucé con un gran furgón de la policía que circulaba en dirección contraria.

Ese día llovió, por lo que tendría que conducir con cuidado por la carretera. Y fue así como, a los 6 kilómetros de coger esta solitaria y estrecha carretera secundaria, justo al tomar una curva muy cerrada a la izquierda, me patinaron las ruedas sobre el húmedo asfalto y perdí el control del vehículo, con lo que me salí de la calzada. El choque fue bastante aparatoso, ya que me empotré contra un pequeño muro de piedras que había justo ahí. Por un momento, creí que había sido peor, ya que el estruendo que provocó el impacto se dejó oír por entre los árboles del denso bosque que quedó como único espectador.

Como consecuencia del accidente el motor se detuvo, y la rueda delantera derecha quedó gravemente dañada. Con todo, no podría volver con él a casa.

Comprobé con horror que el móvil no tenía cobertura. Además, ésa era una carretera con muy poco tránsito. Me encontraba sola, sin comunicación, con el coche accidentado, y a 24 kilómetros de casa. Y eran ya las 17:33 horas, con lo que de querer volver a pie a casa oscurecería, y, por supuesto, no llevaba ninguna linterna.

Roberto me iba a matar en cuanto me viniese a buscar. Con todo este panorama, lo más sensato que se me ocurrió fue dirigirme a pie hasta Borau, población que dejé atrás hacía unos 2 kilómetros. De camino allí podría llamar si volvía a tener cobertura, o pedir ayuda.

Aunque antes me entretuve en dejar bien señalizado el vehículo, que por su situación no obstruía la vía. Coloqué los triángulos de señalización delante y detrás, y puse en marcha los intermitentes de emergencia. Entonces cogí mis cosas, cerré el coche con llave, y empecé a caminar.

Pero como las catástrofes a veces no vienen solas, a los 10 minutos de empezar a andar empezó a diluviar como hacía días venía ocurriendo a esas horas. No pude más que aguantar el chaparrón y agilizar al máximo el paso.

El frío iba calando en mí conforme pasaban, infinitamente lentos, los kilómetros que me separaban del pueblo. No miré siquiera si tenía cobertura en mi teléfono móvil.

Una vez ya en el pequeño pueblo, una hora y media después, todavía seguía lloviendo a cántaros. Seguía sin cobertura, por lo que llamé en la primera puerta que encontré, donde una mujer mayor me respondió.

—Buenas tardes, señora —dije.

—Muy buenas, señorita.

—Mire, he tenido un accidente con mi coche, justo en la carretera que conduce a Aísa, y he tenido que venir a pie hasta aquí. Solo quería pedirle que me dejara usar su teléfono, si es usted tan amable.

—¡Oh! —exclamó—. ¿Pero se encuentra bien? ¿Necesita un médico?

—No, tranquila, estoy perfectamente, solamente estoy empapada por la lluvia. Únicamente necesitaría usar su teléfono para llamar a mi marido—le respondí.

—Pase, pase, puede usar mi teléfono. Pero permítame que le preste ropa seca o cogerá una pulmonía —ofreció con su cálida y suave voz. Su rostro me recordaba al de mi abuela, cuando durante mi infancia me levantaba de la cama para ir a la escuela.

—Bien, gracias. Muchas gracias. De todas maneras antes preferiría llamar a mi marido.

—Pase, el teléfono está en mi habitación —volvió a decir, arropándome con su cálida voz.

—Muchas gracias señora —le dije. La habitación olía a ropa vieja y flores, colocadas por doquier y que también había en la entrada y en otras estancias de la casa, algo que ayudaba a aromatizar y refrescar el aire—. ¡No sabe cuánto se lo agradezco! Será una llamada nada más.

En ese momento no pudo responderme Roberto; seguramente se encontraría en una reunión. Entonces pensé que si llamara a mi amiga Elisabeth quizás ella podría acompañarme hasta el pueblo después de esperar a que la grúa recogiera nuestro vehículo siniestrado. Esto me hizo recordar que ésa era otra llamada que debía hacer, y, por descontado, no me sabía el número de teléfono de la compañía aseguradora de memoria. Con las prisas no lo consulté en los papeles del seguro que estaban guardados en el coche. Creí innecesario preguntarle a la mujer si tenía conexión a internet.

—No me ha respondido mi marido, señora. Si usted me permitiera...

—Desde luego, puede hacer todas las llamadas que quiera. ¡Adelante! —me interrumpió ella.

—Muchas gracias, señora —añadí.

—María, me llamo María. ¿Y usted?

—¡Ah!, mi nombre es Nadia. Soy de Jaca, y he salido a buscar a mi perro Teo, un Basset Hound, que se nos perdió ayer —añadí.

—¿Cómo es el perro? —quiso saber la mujer.

—Es un perro pequeño y con el cuerpo alargado, con las orejas muy grandes colgándole, y las patas muy cortitas. Es un perro muy característico. ¡Ah!, y su color es marrón con manchas blancas. Mire, aquí tengo una foto suya, y unos carteles que iba a poner en el pueblo de Aísa y en este mismo —respondí, y le mostré una de las fotos que llevaba encima, algo mojada por la intensa lluvia.

—Me parece que no he visto un perro así en mi vida, Nadia. Lo siento.

—Tranquila, no pasa nada; hay muchos lugares donde ha podido ir, así que imagino que será difícil dar con él —contesté—. Si usted lo viera o conociera a alguien que supiera dónde puede estar, agradecería que me llamara.

—Por supuesto. Anótame su número en esta libreta —dijo indicándome la hoja donde debía escribirlo—. Cuando termines puedes llamar a quien quieras, Nadia, yo estaré en el salón.

—Muchísimas gracias, María.

Tras colocar cada número con mi mejor caligrafía y dejar junto a la libreta una fotografía de Teo, me dispuse a llamar a Elisabeth.

—¡Hola, Nadia! ¿Qué tal?, ¿cómo estás?

—¡Hola, Elisabeth! Bien, aunque me encuentro en un pequeño apuro. No te preocupes, estoy bien, pero necesito tu ayuda…

—¿Qué ocurre? Cuenta.

—He salido con mi coche a buscar a Teo en el pueblo de Aísa, y de camino allí he tenido un pequeño accidente.

—¡Cómo? ¡Pero tú no tienes nada, verdad? —exclamó eufórica mi amiga.

—No, no, tranquila, no te preocupes, estoy perfectamente. Lo único es que el coche tiene una rueda rota, y no he podido continuar con él. Ahora estoy en Borau, en casa de una señora que me está prestando su teléfono porque mi teléfono móvil no tiene cobertura. Roberto no me ha podido responder a mi llamada.

—No te preocupes, en nada me planto allí y me lo cuentas todo, ¿vale? —me tranquilizó ella—. No hace falta que molestes a Roberto.

—Vale, de acuerdo. La casa está situada en la calle Calés, cuando llegues a la izquierda, cerca de la Plaza del ayuntamiento. Ah, por cierto, tráeme algo tuyo para ponerme, que estoy empapada por la lluvia, me ha pillado mientras caminaba hacia aquí.

—Ok. Nos vemos allí, Nadia. No te muevas.

Dicho esto, colgué el teléfono y me dispuse a avisar a María, para que me diera una toalla con que poderme secar. Ella me atendió cariñosamente, ofreciéndome lo que le pedí. Tras esto, me senté con ella en su salón, mientras llegaba Elisabeth. Esto ocurrió a los 45 minutos aproximadamante de haber hablado yo con ella.

Cuando llegó estaba algo nerviosa, aunque al verme se tranquilizó en seguida. Le presenté a María, y mientras ellas hablaban yo fui al baño a cambiarme.

Capítulo 6

Cuando mis ojos se abrieron de nuevo, pude sentir que todo mi cuerpo estaba paralizado por el dolor y el miedo. Y de nuevo aquel olor a sangre y a animal de dos patas de color blanco; ¿estaría aquí mi Mejor Amigo? No me pareció reconocerlo, y además el dolor que tenía por todo el cuerpo me impedía respirar más fuerte. Aunque el dolor que sentía era sobre todo interno, estaba muy asustado, preocupado, desorientado.

Mientras tanto, pude oír que aparecieron dos animales de dos patas que olían a color blanco pero su color era otro distinto mucho más oscuro que me recordaba a las plantas de los prados que visitaba regularmente cuando Mamá me dejaba ir libre a explorarlo todo, a seguir rastros, a hacer lo que siempre me ha gustado hacer a mí.

Entonces me empezaron a tocar por todo mi cuerpo, y a veces me producían un pinchazo que me dolía; con todo, me sentía bien con ellos porque me trataban muy bien, como Papá y Mamá, y mis Hermanitos. ¿Dónde estarían?, ¿cuándo vendrían a por mí?

Entonces, empecé a respirar más despacio, más despacio, a oírlo todo más lejano, a empezar a ver sombras, a estar lejos de todo y de todos. La luz se fue, los animales de color verde también desaparecieron. En su lugar, todo fue oscuridad y silencio.

Capítulo 7

—Elisabeth, ya estoy lista. Cuando quieras podemos marcharnos —le dije a mi amiga—. María, muchas gracias por todo. Nosotras dos iremos a Aísa a seguir colocando carteles, y de camino pararemos en mi coche para poder anotar el número de la grúa y así poder llamarles. Si supiera algo de mi perro, por favor, llámeme —le dije a María mientras hacía un gesto con mi mano derecha para despedirme de ella, que nos deseó suerte y nos devolvió el gesto.

En un minuto ya estábamos de nuevo en marcha en el coche de Elisabeth. Fuera ya no llovía, así que pudimos iniciar el trayecto con mayor seguridad. En el camino hacia donde estaba mi coche accidentado le conté todo el calvario de los últimos días, la muerte de nuestro querido y joven Hank, un hermosísimo perro de un año mestizo de Bretón. Al llegar a mi coche, pudimos ver que todo estaba igual, los intermitentes lanzándonos ráfagas de tranquilidad, los triángulos como dos estatuas paralizadas. Nos detuvimos justo detrás de mi coche, y pude acceder dentro para coger los papeles del seguro. La primera llamada tuvo éxito, y, tras dar mis datos personales y de localización del vehículo, me dijeron que en menos de una hora llegaría la grúa. La segunda llamada me puso en contacto con un preocupado Roberto, que, como era de esperar, y tras preocuparse por mi estado, me manifestó su desagrado por mi decisión de ir sola y sin haber comunicado a dónde iba exactamente. Me apresuré a decirle que no hacía falta que viniera a por mí, puesto que Elisabeth me acompañaría a casa.

Una vez en el pueblo, pusimos todos los carteles que llevaba conmigo, lo que nos llevó un buen rato. Acabamos agotadas.

Con todo se habían hecho las 19:10, y todavía tenía que llegar la grúa para remolcar mi coche hasta nuestro taller, cosa que ocurrió una hora después.

Capítulo 8

Abrí los ojos, pero algo me los quería volver a cerrar. El dolor continuaba, pero esta vez mucho más apagado. En cambio notaba algo duro alrededor de mis patas traseras que me impedía moverlas; ¿cómo iba a poder correr y saltar? Y además tenía unos tubitos que estaban enganchados a mi piel.

Lo único que quería era dormir, así que cerré los ojos. Pero al instante pude notar y escuchar a esos humanos de color verde a mi lado, y a otro humano que al principio no vi bien, ni olí bien, pero que su voz me resultaba muy familiar. Quería que fuera Papá o Mamá, pero los hubiera reconocido en seguida. Finalmente acercó su pata a mi hocico y lo olí, y rápidamente un torrente de recuerdos y emociones vinieron a mí, pero eran muy, muy lejanos. Era cuando solo conocía el Primer olor, el primero que sentimos al nacer, y muy poquito después, conocí éste que ahora tenía ante mí, y que cada vez necesitaba oler más porque me sentía a salvo.

Un día ese olor fue sustituido por otros muchos mezclados y muy fuertes, al tiempo que vino la oscuridad, el frío, el miedo. Porque fue la primera vez que sentí miedo y pánico de verdad. Fui echado en una especie de cueva dura y fría, llena de cosas que desprendían un olor tan fuerte que saturaban mi sentido del olfato. Recuerdo que lloré y lloré, y grité, pero el aire de mis pequeños pulmones era sustituido por el frío que me rodeaba, por el desagradable olor a podrido y por la tristeza.

Llegado a ese punto, te dejas apoderar por todo y te quedas quieto y mudo, como queriendo ahuyentar todo lo que en esos momentos te atormenta. La única esperanza y deseo es que vuelva a tu naricita el olor del ser que más amas, y que nunca te abandona pese al frío y la soledad.

Y así estuve un tiempo que me pareció eterno, hasta que la luz volvió a saludarme y otro humano me regaló su perfume, pero también más dolor, al presionarme el cuerpecito con algo blandito y crujiente que permanecía encima de mí, y nuevamente la oscuridad, la soledad, esa soledad que me quería arrancar la vida. Volví a sumirme en un sueño oscuro, a dejarme llevar a la tristeza, a los recuerdos de mi Primer Papá, a dejarme morir de pena y angustia, cuando todo se apaga. Y fue entonces cuando volvió a visitarme la luz, el viento frío, el perfume a humano, pero esta vez también el roce con esa piel sin pelo y tan suave, el calor que ya me parecía olvidado, el sonido tenue y casi estridente, pero agradable. Ese aliento tan conocido por mí, que rápidamente te extirpa todos los males que tienes introducidos en el cuerpo como espinas venenosas, expulsó a ese otro nauseabundo que me acompañó durante toda esa eternidad que me encarceló en ese hueco duro y frío. Por fin volví a sentirme bien y calentito.

Más tarde estuve rodeado de calor, cobijo, alimento, caricias y amor. Y ese fue el olor que más quise en mi vida, el de mi Mamá, que me arrancó todo el dolor que apartó a mi Primer Papá de mí, y que ahora tenía junto a mí. ¡Mi querido Primer Papá había regresado a por mí!

Ha venido a verme varias veces al día desde que aparecí en este sitio donde te ponen tubos y cosas duras en el cuerpo, y, por fin, un día me llevó con él. El sitio al que me llevó lo reconocí rápidamente, por el olor, y además pude volver a oler a mi Mamá de Verdad, la que me dio los primeros lametones, aquella leche calentita, todos aquellos cuidados. ¡Volvía a estar en mi primer hogar! ¡Qué alegría! Y también quería que estuvieran allí mi Papá y mi Mamá, y mis Hermanitos, y mi Mamá Mayor, y *Ank*, que algún día vendría porque yo lo esperaba… ¡Lo quería tanto!

Pero pese a tanta alegría y emoción, el sueño pudo conmigo y terminé por dormirme de nuevo. Mi cuerpo había estado al límite, y ahora pretendía recuperar todas sus fuerzas.

Y entonces comencé a volverme más liviano y empecé a querer flotar entre las suaves briznas mecidas por el viento. Viento que me quería empujar hacia atrás impidiendo que yo pudiera avanzar, alcanzar todos los rastros que iba perdiendo a cada momento. De repente mis patitas se quedaron paralizadas, mis pulmones petrificados, mi corazón ralentizado; tuve mucho frío, y mis ojos se abrieron tras un espasmo. Pronto volví a estar en ese sueño nuevamente...

Mi nariz se secó con el viento, pero yo no podía lamerla porque mi lengua tampoco podía moverse. En ese momento pude darme cuenta de que estaba muriendo. Pero mis ojos no dejaban de moverse, de mirar y ver cosas. Tenía a mi lado un animal de dos patas con un objeto largo entre sus patas que hacía movimientos a mi lado como queriendo pegarme, pero en seguida desaparecía. Después me seguía un perro con los dientes fuera de su mandíbula, lleno de saliva de color rojo sangre. Me alcanzaba y me arrancaba la piel justo donde había notado últimamente tanto dolor.

Quería correr y no podía. El suelo resbalaba y estaba frío, las zarzas me atrapaban las patas y me arrancaban todo el pelo y piel. Volvía a sufrir mucho dolor. Los dientes empezaron a caerme, las uñas se me desquebrajaban, los ojos me estallaban.

De nuevo aquel olor a animal metálico... Fue solo una pesadilla.

El olor a humo dio paso al cálido aliento de mis Papás de verdad. Pude abrir los ojos y contemplar a gente que me quería, que me sacó de mis pesadillas, y que un día me puso dentro de un túnel de plástico, oscuridad y frío. Pero ya no volverían a hacerlo nunca más...

Capítulo 9

—Roberto, ya han pasado tres días desde que desapareció Teo. Esto ya es preocupante de verdad. Ni siquiera una llamada de alguien que haya visto un perro similar.

—Nadia, no sé qué decirte, no imaginaba que esto fuera a llegar a este extremo. ¿Fermín no ha recibido la visita de nadie que le haya traído un perro como Teo? —preguntó mi marido—.

—Nadie —añadí—.

—Pues creo que ya es hora de denunciar en la policía su desaparición, tal y como me dijo Alejandro, porque si provoca un accidente vamos a tener más problemas. Si quieres me acerco yo a la comisaría.

—No, puedo hacerlo yo misma. De hecho iré ahora.

Veinte minutos después estaba ante un corpulento agente, el cual me preguntó por qué zona se había perdido, cuándo y el nombre con el que estaba registrado el microchip. Claro, pude decirle todos los datos menos el susodicho número, puesto que a Teo nunca llegamos a ponérselo. El policía, tras recordarme que deberíamos haber puesto denuncia al momento de haber desaparecido, por si alguien lo encontraba para no tener problemas legales, y que es obligatorio colocar el microchip al perro, me confirmó las sospechas de la nota de prensa leída por los ciclistas el mismo día en que desapareció. Y es que durante las últimas semanas se habían estado produciendo robos de perros de diversas razas por la zona y en otras poblaciones cercanas. Esto elevó mi estado de nerviosismo a niveles casi insoportables, especialmente al decirme que justo dos días antes habían interceptado una banda en el lugar donde tenían a los perros que robaban encerrados y que era precisamente donde se celebraban las peleas clandestinas y apuestas millonarias. Fue entonces cuando rompí a llorar, y mi mano cayó sobre mi boca.

Tras tratar de consolarme, llamó a un compañero suyo para preguntarle si en la redada habían encontrado un perro de sus características. La respuesta fue que recordaba un perro como Teo, pero que al no tener microchip tendría que encontrarlo yo misma en la protectora donde había sido llevado.

—Pero a mí no me ha llamado nadie, y además fui personalmente a la protectora, de la cual soy voluntaria y me conocen, y seguro que se hubieran puesto en contacto con nosotros para comunicar que lo tienen ellos —dije entre suspiros—.

—Pues en ese caso, señora, su perro no estaría entre los incautados en la redada y detención de los delincuentes. Le sugiero que siga difundiendo fotografías y carteles porque debe de aparecer. Probablemente alguien se lo ha podido quedar y pronto dará con usted —dijo el agente—.

—Bien, muchas gracias por su ayuda y sus consejos. Espero poder encontrarle pronto. Les notificaré si llega a ocurrir —añadí para despedirme—.

—Gracias a usted y mucha suerte —finalizó él—.

Me fui de la comisaría con la impresión de que no iba a aparecer nunca más. Tenía un mal presagio.

Capítulo 10

Ha vuelto a salir el sol sobre mi hocico. Un día más recordando mis primeros olores. Un día de nuevo con mi Mamá de Verdad. Mientras espero a mis papás, a mis hermanitos, a *Ank*, a todos ellos, sigo dando largos paseos en compañía de ella, oliéndolo todo. Aunque hace ya muchos días que me mordió aquel monstruo acorazado, apenas puedo caminar como antes; el dolor que aún siento a veces es como si no quisiera desaparecer.

Quizás mañana vuelva a pasear con todos ellos juntos. ¡Cómo me gustaría! ¡Los echo tanto de menos! Hay días en que estoy triste porque me acuerdo de mi segunda familia. Pero afortunadamente mi Mamá de Verdad está en todo momento a mi lado.

Quizás mañana todo vuelva a ser como antes, aunque yo, con mi primera familia, soy muy feliz. Los olores desgradables han desaparecido por fin y vuelvo a sentir amor, mucho amor.

Epílogo

Teo, un perro de raza Basset Hound de año y medio de edad, es el protagonista de nuestra historia. Tras perderse siguiendo un rastro en un parque, sufre varias desventuras que lo llevan a ser raptado, atemorizado, atropellado, y, finalmente, rescatado por quien fue su primer propietario y a la vez verdugo, que lo abandonó en un contenedor de basura al poco de nacer.

Éste es un ruín gesto que, por desgracia, se repite cada año en nuestro país, sin que definitivamente sea perseguido y castigado como debiera. Es una de las muchas atrocidades a las que se someten sin tregua nuestros animales de compañía, y a las que las protectoras y miles de personas con corazón tratan de dar fin. Pero la lucha es desesperanzadora, desigual. Mientras cientos de miles de perros y gatos son abandonados, muchos de ellos maltratados y finalmente muertos, nuestra legislación queda casi completamente al margen, quedando en unos pocos casos anecdóticos los que sí consiguen dar caza al maltratador y hacerle justicia. Y esto lo pone todo muy complicado.

Pero incluso en estos casos la pena aplicada queda como algo simbólico e irrisorio, que no provoca el más mínimo retroceso en el número de casos que se producen de maltrato animal.

Únicamente la educación y la concienciación de las nuevas generaciones podrá evitar y encauzar esta triste realidad. Todo lo demás son parches, si se me permite, que tratan de arreglar todo este panorama, del que siempre salen perdiendo ellos, los más indefensos, los que no tienen voz, los animales.

Teo nos quiere adentrar en un mundo desconocido para nosotros, donde los sentimientos y los hechos se ven de manera muy distinta, donde no existe la maldad como tal. Y nos demuestra que el rencor y el odio son el primer obstáculo a superar cuando queremos ser perdonados, cuando queremos que las cosas mejoren. Para recibir, primero tenemos que saber ofrecer, y esto es algo que ellos saben hacer mucho mejor que nosotros.

Nos demuestra también que la comunicación es posible entre perros y humanos, y que en ocasiones falla más de lo que nos podemos imaginar. Sus necesidades no se reducen a una alimentación o a una actividad física suficientes, sino que un intercambio constante de sentimientos y mensajes, no solamente basados en el lenguaje verbal, son imprescindibles para el correcto vínculo entre perro y humano, y en definitiva para que sea FELIZ. Tienen mucho que aportarnos, y nosotros mucho que aprender de ellos, y me atrevo incluso a decir que más que ellos de nosotros.

Teo tuvo un cambio inesperado en su vida que lo llevó a poder recuperar a su primera familia, la que lo vio nacer, la que lo condenó a la muerte, y que al fin se convirtió en su ángel salvador. Sus primeros propietarios siguieron cuidándolo durante mucho tiempo, sin saber que ese perro era buscado en cuerpo y alma por las personas que lo rescataron del contenedor donde fue abandonado a su suerte, y sin que éstos se imaginaran siquiera qué rocambolesco y feliz final acaeció. Pero la felicidad depende mucho del ángulo desde el que se contemple, como lo demuestra esta historia, la cual pretende mostrarnos desde dos perspectivas bien distintas, narradas por Nadia y Teo, qué diferente puede ser la visión de los mismos hechos.

Me he permitido la libertad y el placer de poner por escrito los sentimientos y la forma de ver el mundo de un perro de la forma más literal y a la vez comprensible posible para tratar de unir al lector con la mente de su perro, si es que tiene el privilegio de disfrutar de la compañía de uno.

Ésta es una historia de ficción cuyos personajes no han existido jamás. Cualquier parecido con la realidad es pura coincidencia, o no…